◆印は不明確な年号、ころの意味です。

アジア・アフリカ	日本の動き	西暦
		1900
1905 孫文、中国革命同盟会	大正デモクラシー	
1906 インド国民会議、反イ		
1908 青年トルコ党の革命		
1910 日韓併合		
1911 清＝辛亥革命		
1912 中華民国成立　孫文、臨時大総統に就任		
1919 ガンジーのサチャグラハ運動はじまる	大戦景気・恐慌 生活文化の向上	
中国国民党成立　1921 中国共産党成立		
1922 オスマン帝国滅亡　1923 トルコ共和国成立		
1929 インド国民会議派、完全独立を要求		
◆　　ネルー、ガンジーのあとをうけて国民会議派指導		
1937 日華事変（日中戦争）はじまる	太平洋戦争はじまる 戦時体制	
1941 太平洋戦争はじまる		
ホー・チ・ミン、ベトナム独立同盟結成		
1945 第2次世界大戦終結		
アラブ連盟結成		
ベトナム民主共和国独立を宣言	敗戦 占領軍による諸改革	
1947 インド独立　ネルー、初代首相に就任		
パキスタン成立		
1948 大韓民国独立、朝鮮民主主義人民共和国独立		
1949 中華人民共和国成立		
インドネシア連邦共和国独立		
1950 朝鮮戦争（―1953 休戦）		
1951 サンフランシスコ対日講和条約調印		
1952 エジプト革命　1953 エジプト共和国成立		
1954 ベトナム共和国軍ディエン・ビエン・フーで勝利		
ジュネーブ協定　インドシナ休戦		
周恩来、ネルー平和五原則		
1955 アジア・アフリカ会議（バンドン会議）		
		1960

目　次

アインシュタイン	文・有吉忠行 絵・岩本暁顕	6
ヘレン・ケラー	文・有吉忠行 絵・鮎川　万	20
チャップリン	文・中原　順 絵・岩本暁顕	34

ワクスマン	文 中原　順　絵 高山　洋	48
ネルー	文 中原　順　絵 高山　洋	50
ヒトラー	文 有吉忠行　絵 高山　洋	52
ド・ゴール	文 有吉忠行　絵 高山　洋	54
ホー・チ・ミン	文 有吉忠行　絵 高山　洋	56
チトー	文 有吉忠行　絵 高山　洋	58
オパーリン	文 有吉忠行　絵 高山　洋	60
読書の手びき	文 子ども文化研究所	62

せかい伝記図書館　17

アインシュタイン
ヘレン・ケラー
チャップリン

アインシュタイン

(1879—1955)

相対性理論によって未来に新しい科学を開き、核戦争反対を世界に訴えた理論物理学者。

●磁石に目を輝かせた少年

　アルバート・アインシュタインが、ドイツ南部の都市ミュンヘンに住んでいた5歳のときのことです。工場をいとなんでいた父から、ふしぎなものをもらいました。
　東西南北をしるした文字盤の上に、1本の針がついています。文字盤をどんなに回しても、針の向きは変わりません。いつも北をさしています。
　初めて見た磁石に、アインシュタインは、すっかりおどろいてしまいました。父に「針が北を向くのは地球に磁力というものがあるからだよ」と教えられれば、ますますふしぎです。戸をしめきっていても部屋の中まで入ってくる磁力とは、どんなものだろう。目に見えないものが針を引っぱるというのは、いったい、どういうことなのだろう。アインシュタインは、なんども首をかし

げて考えました。
　相対性理論をとなえ、のちに20世紀最大の物理学者とたたえられるようになったアインシュタインは、磁石を手にしたこのころから、自然や科学の世界に心をひかれるようになりました。
　アインシュタインは、6歳で小学校へ入りました。しかし、先生の教えることをおぼえさせられたり、先生の命令にはぜったいに従わなければならなかったりする学校が、どうしてもすきになれませんでした。町で兵隊の行進を見たとき、みんなは「勇ましい」というのに「ぼくは兵隊はきらいだ。だって、兵隊って機械のように歩

かされてかわいそうだよ」と、つぶやいたアインシュタインには、学校も軍隊も同じものに見えてしかたがなかったのです。

アインシュタインは幼年時代に、みんなに「のろまさん」と、よばれていたことがありました。まちがったことをいうまいとして、ゆっくり考えてから口をひらくくせがあったからです。このくせはいつまでもつづき、そのためか、小学校を卒業するときの「のろまさん」の成績は、あまりよくありませんでした。

●大学へ入って数学から物理学へ

10歳で、中学校と高等学校がいっしょになった、ギムナジウムとよばれる学校へ進みました。でも、ギリシア語やラテン語などを暗記しておぼえなければならない学校の勉強は、やはり、楽しくはありませんでした。数学と科学には夢中になりましたが、それは、学校の授業がおもしろかったからではありません。家で叔父に、むずかしい式が魔法のようにとけていく数の世界の秘密を、教わったからです。

「自然のなかのなぞも、数学の力をかりれば、いつかは解けるかもしれない」

数を掛けたり割ったりしているうちに答えがでてくる

のも、線を引いているうちに図形の性質がわかってくるのも、おもしろくてしかたがありません。食事も忘れて数とあそんでいるうちに、大学で学ぶような数学さえも理解できるようになっていきました。

　15歳のとき、ひとりぼっちになりました。父が工場の経営に失敗して、家族は、アインシュタインだけを学校の寄宿舎に残して、イタリアのミラノへ引っ越してしまったのです。ところが、あたたかい家庭がこいしくてしかたがないアインシュタインは、数か月ごには学校を退学して、自分もミラノへとんで行きました。

　しかし、父がふたたび事業に失敗して、ミラノでのあ

たたかい生活は、長くつづきませんでした。
「早くはたらかなければいけない。卒業したら仕事につきやすい大学へ進もう」

アインシュタインは、スイスのギムナジウムで１年間学んだあと、チューリヒ工科大学へ進みました。

それまで数学がすきだったアインシュタインが、数学よりも物理学に興味をもつようになったのは、このころです。大学には、ミンコフスキーというすぐれた数学教授がいましたが、その教授は、数学は一流でも、講義はへたでした。アインシュタインは、この教授のおもしろくない授業を受けているうちに、数学への興味を失ったのだろうといわれています。でも、アインシュタインにとって、このことはかえって幸せだったのかもしれません。物理学へ足をふみ入れたことが、相対性理論をうちたてる道へつながったのですから。

●役人をしながら相対性理論

1900年に大学を卒業したアインシュタインは、大学で助手をしながら物理学の研究をつづけていくことを考えました。物理学のおもしろさが、大学を卒業したらはたらくことにしていた決心を、かえさせてしまったのです。

ところが、大学は、アインシュタインの才能をみとめ

てはいても、助手には採用してくれませんでした。しかたがなく、ギムナジウムの先生をしながら研究をつづけることを考えました。でも、スイスのどこのギムナジウムも、職をあたえてはくれませんでした。アインシュタインが、ユダヤ人だったうえに、スイスに住んではいても、じゅんすいのスイス人ではなかったからだろうといわれています。困りはてたアインシュタインは、しばらく家庭教師をして、生活をささえました。

22歳の年、工科大学のときの友人のあたたかい思いやりで、スイスの首都ベルンの、特許局の役人になることができました。発明家からだされた発明の内容をしら

べ、特許に必要な書類をととのえるのが仕事です。アインシュタインは、役人の静かな生活のなかで、ひまさえあれば、科学書や哲学書を読んでは考え、なかまと議論しては考え、計算や推理などによって真理を追究していく理論物理学の研究をふかめていきました。

　役人のかたわら研究をつづけてきたアインシュタインは、1905年、特殊相対性理論、光量子の理論、ブラウン運動の理論などを発表して、またたくまに、世界の注目をあびるようになりました。大学を卒業してから、わずか5年め、まだ26歳のときのことです。

　それまで、地球、宇宙の科学は、ガリレオ・ガリレイが発見した物体の運動の法則や、アイザック・ニュートンが発見した万有引力の法則などをもとにして考えられてきました。しかし、アインシュタインは、理論物理学の世界に、それらの法則だけでは、どうしてもとらえることのできない問題のあることをつきとめ、それを相対性理論などを中心にして、明らかにしてみせました。また、11年ごの1916年には、さらに一般相対性理論も発表しました。

　〔宇宙を飛んでいるロケットは、スピードがませばますほど、地球から見ると機体の長さがちぢんで見える。そして、スピードが光の速さに近くなると、ついには、

そのすがたは消えてなくなってしまう。また、ロケットのスピードがますにつれて、時間は、だんだんおそくなり、超高速度で宇宙を旅行する人は、年をゆっくりとることになる。

　物質については、これまで、その質量とエネルギーはべつのものと考えられてきたが、そうではない。２つは同じものであり、ほんの少しの物質でも、それを完全になくしてしまおうとすると、ぼう大なエネルギーがでてくる〕

　アインシュタインが、相対性理論をもとに発表したことのいくつかは、このようなことです。たいへんむずか

しく、物理学者でも理解しにくいといわれています。しかし、アインシュタインがとなえたことは、未来の理論物理学の研究に、はかりしれない大きな光をあてました。

●やさしい心、強い信念

若くして偉大な物理学者となったアインシュタインは、30歳のとき、チューリヒ大学の教授にむかえられました。また、33歳のときには、自分が卒業した工科大学の教授、さらにつぎの年には、少年時代をすごしたドイツの、ベルリン大学教授にむかえられました。

大学では、研究のかたわら、学生たちにも理論物理学を教えました。しかし、型にはまった講義は、いっさいしませんでした。学生には軍隊のような規則がおもしろくないことを、よく知っていたからです。でも、学生が問題をかかえてたずねてくれば、いつでも自分の研究をとちゅうでやめて、ていねいに教えてやりました。

アインシュタインは、自分が世界的な物理学者であることなど、すこしも、はなにかけませんでした。のちに50歳をすぎてアメリカに住むようになったある日、数学の宿題をかかえた見知らぬ少女が、家にたずねてきました。アインシュタインは、めんどうがるどころかよろこんで教えてやり、少女が帰るときには「わからない問

題があったら、いつでもいらっしゃい」と、やさしいことばをかけてやったということです。

1914年、第1次世界大戦が始まりました。

少年のころから、一部の人間が、命令ひとつでおおくの人間をあやつる軍隊がきらいだったアインシュタインは、とうぜん、戦争もきらいでした。

ところが、戦争が始まってまもなくドイツ政府は、国じゅうの科学者や芸術家に、ドイツ帝国主義をたたえる宣言書への署名をおしつけてきました。署名をすれば、帝国主義にも戦争にも賛成することになってしまいます。

ベルリン大学の教授をしていたアインシュタインは、

ほかの人たちが署名しても、自分だけは、こばみつづけました。そのため、まわりの人びとから、かげで悪くいわれました。それでも信念はまげませんでした。

●核兵器反対をさけんだ科学者の良心

　第1次世界大戦が終わり、40歳をすぎたアインシュタインは、ヨーロッパの国ぐにからアメリカへ、そして日本へ、相対性理論についての講演の旅をつづけました。
　ノーベル物理学賞の受賞の知らせがとどいたのは、日本へむかう船の上でのことです。受賞を知って「わたしの研究は、それほどりっぱなものではありません」と語ったアインシュタインは、およそ1か月半、日本にとどまり、日本の科学者や学生たちに大きな感銘をあたえました。東京で宿舎の帝国ホテルへ案内されたとき、アインシュタインは「わたしにはぜいたくすぎます。もっと質素な部屋にかえてください」と、案内した日本人にたのんだということです。

　1933年、アインシュタインは、ベルリンを逃げださなければならないことに、なってしまいました。ドイツを支配するようになった独裁者ヒトラーが、ユダヤ人への迫害を始めたからです。
「あなたのような偉大な方でも、いつ、暗殺されるかわ

かりません。早く国外へのがれてください」
　アインシュタインは、心のやさしい人たちに忠告されて、その年のうちに、妻といっしょにアメリカへ亡命しました。
　アメリカでは、プリンストン高級学術研究所の教授にむかえられ、相対性理論の研究を、さらにつづけました。
　ところが、1939年、自分を追いだしたドイツと戦わなければならないときが、おとずれました。ドイツの科学者たちがウラニウムの核分裂を発見した、という知らせがとどいたのです。
「ドイツに、原子核分裂による新型爆弾をもたれたらた

いへんだ。アメリカは、ただちに原子核物理学者を集めて、原子力の研究をすすめることが必要なのではないか」

アインシュタインは、まわりの科学者たちにすすめられて、合衆国ルーズベルト大統領へ、原子力の研究をうったえる手紙を書きました。戦争に協力することは苦しいことでしたが、ドイツ帝国をおさえて世界の平和を守るためには、しかたのないことでした。

しかし、6年ご、アインシュタインははげしい怒りを、自分にたたきつけなければなりませんでした。

アインシュタインの大統領への手紙によって、新型爆弾の研究を始めたアメリカが、第2次世界大戦の終わりに、日本へ原子爆弾を投下したのです。

「原子エネルギーを正しく利用する力を、人類は、まだもっていなかったのだ。ドイツが新型爆弾に成功しないことがわかっていたら、わたしは何もしなかったのに」

日本の広島と長崎のひさんさに胸をえぐられたアインシュタインは、大戦後、アメリカとソ連のあいだで核兵器力の争いが始まったのを見て、立ちあがりました。日本の原爆ぎせい者への、つぐないの心を、おさえきれなかったのかもしれません。

「核兵器は、最後には、地球上の生物をほろぼしてしまいます。核兵器はすてなければいけません」

　アインシュタインは、テレビで、アメリカの人びとへよびかけました。世界の科学者へも語りかけました。
「わたしたちの研究が政治の力で悪用されるときは、勇気をふるって、闘わなくてはいけません」
　1955年4月には、イギリスの哲学者ラッセルとともに、核兵器戦争による人類滅亡の危機を世界にうったえることをきめ、宣言文に署名しました。ところが、その数日ご、76歳の生涯を閉じてしまいました。
「世界最大の科学者を失った」「人間の権利のために闘う人を失った」。世界の人びとは、偉大な生涯をたたえて、アインシュタインの死を悲しみました。

> # ヘレン・ケラー
> (1880—1968)
>
> 三重苦の障害をのりこえ、からだの不自由な人びとのために生涯をささげた光の天使。

●1歳半のときにおそった三重苦

「日本のみなさん、日本の目の不自由なみなさん。目の見える人がしあわせで、見えない人がふしあわせだということはありません。人間にたいせつなものは心です。心に光をもって、強く生きてください」

1955年、東京をおとずれたヘレン・ケラーは、日本の人びとに、このように語りかけました。

「心があれば、人間は、どんなことでもできるのだ」

目が見えない。耳がきこえない。口もきけない。この3つの苦しみをのりこえたヘレン・ケラーの、心のなかからあふれでることばに、どれほどの日本人が勇気づけられたか、わかりません。このときヘレン・ケラーは75歳でした。

ヘレン・ケラーは、1880年、アメリカ合衆国南部の

アラバマ州タスカンビアの町で生まれました。澄んだ大きな目をした、かわいい女の子でした。
「おや、わらったぞ」「あら、何かいってるわ」
　ケラー家のはじめての子どもです。地主の父も、美しい母も、ヘレンがかわいくてしかたがありません。花が咲きみだれる広い庭にかこまれた家のなかは、天使がまいおりてきたような幸福に、みたされました。
　ところが、初めての誕生日から半年すぎた、ある日、天使が悪魔にかわったような不幸がおとずれました。
　２月の寒い日のことです。ヘレンは、熱の高い病気におそわれました。有名な医者にみてもらっても、病名が

わかりません。熱もさがりません。
「神さま、どうぞ、ヘレンをおすくいください」
父も母も、一心に、神にいのりました。
数日後、うそのように熱がさがりました。母は、うれしさのあまり、ヘレンにキスの雨をふらせました。でも、どうしたのか、ヘレンは人形のような目をして、天じょうを見つめているばかりです。名まえをよんでも、やっぱり人形のように、何もこたえようとはしません。

● 思いどおりにならず、かんしゃく

「ヘレンは熱はさがったのに、ようすが、どうも変です」
父と母は、もういちど、医者をよびました。しかし、長い時間をかけてしんさつを終えた医者の口からもれたのは、おそろしいことばでした。
「何日もつづいた高い熱がいけませんでした。おじょうさんの目は、もう、何も見えなくなっています。耳も聞こえません。それに口も……」
「えっ、目も耳も口も不自由に……」「青い空も美しい花も見えなくなるなんて、わたしたちと話をすることもできなくなるなんて、かわいそうなヘレン」
母は、胸にだいたヘレンの名をよびながら泣きました。しっかりととじている父の目からも、なみだがこぼれ落

ちました。でも、もうヘレンには、母の声も聞こえません。父のなみだも見えません。音もない、光もない世界に閉じこめられた満1歳と7か月のヘレンは、このときから、だれも想像できない苦しい生涯を、あゆまなければなりませんでした。

　ヘレンは、はじめのうちは、家のなかを動きまわる母の服に、しがみついてばかりいました。そのうち、うなずくことと、首をよこにふることを、おぼえました。「はい」と「いや」です。人にきてほしいときは、手をひいたり、からだをうしろから押したりすることも、おぼえました。母のやさしいことばと、父のあたたかい手にみ

ちびかれて、母の手つだいも、庭にでて美しい花にそっと顔をくっつけてみることも、できるようになりました。

しかし、やはり、自分の思いどおりにならないことばかりです。母がほかの人といっしょにいるとき、母の顔をさわると口びるが動いています。でも、なぜ口が動いているのかわかりません。自分も、口をぱくぱくさせてみましたが、母にはなにも通じません。そんなときヘレンは、思わず、かんしゃくをおこしました。母の顔をひっかいたことも、手にかみついたこともありました。

水をこぼしたエプロンを暖炉でかわかそうとして服に火がつき、やけどをしてしまったこともあります。

「わたしの気持ちを、人につたえることができるようにならないかしら。わたしの思うことを、もっと自由にできるようにならないかしら」

やがてヘレンは、いつも何かにおさえつけられているような暗い心のなかで、ひっそりと、こんなことを願うようになりました。

ヘレンが7歳になる3か月前のことです。家に、ヘレンのために家庭教師がむかえられることになりました。かんしゃくをおこさずにはいられないヘレンの悲しみに心を痛めた父と母は、ヘレンに、希望の灯をともしてやることにしたのです。

●サリバン先生の愛につつまれて

　1887年3月3日、だれかがだんだん近づいてくるのを感じて待っていたヘレンは、あまい香りのする女の人に、胸が苦しくなるほど、しっかりだきしめられました。遠いボストン市からいく日もかかってやってきた、21歳の家庭教師アニー・サリバン先生です。

　サリバン先生も、ほんとうは、けっして幸せな人ではありませんでした。幼いとき、弟のジミーと孤児になり、ふたりとも慈善病院に入れられました。弟は背骨、自分は目の病気をもっていたからです。まもなく弟は死

にました。サリバンの目は、悲しさのあまり、ますます悪くなりました。やがて、盲学校へ入りました。長い休みになっても帰る家もありませんでした。幸いに、しんせつな医者の力で、目の病気はよくなり、サリバンは神に感謝して勉強にはげみました。そして学校を卒業するときは、卒業生の代表にえらばれました。

　サリバン先生は、卒業後、盲学校の校長先生にヘレンの話を聞かされ、自分の力が役だつことなら、いっしょうけんめいにやってみることを決心して、ヘレンのもとへ、とんできたのです。

　希望へ向かって、闘いが始まりました。

　ヘレンが、先生からまずはじめに教わったのは、ものの名まえでした。先生は、ヘレンの胸に人形をだかせて、手のひらにゆっくりと「D－O－L－L」と書きます。何度も何度も書きます。「DOLL」は人形という意味です。湯のみ、水、帽子、ピン。いろいろなものをさわっては、手のひらに名まえがつづられます。でも、名まえって何かさえわからないのですから、なかなか、おぼえられません。とうとう、かんしゃくをおこして、人形を床にたたきつけたこともありました。

　やがて、サリバン先生と手と手をにぎりあって、指文字で言葉をつたえあう指話ができるようになってから、

　形があるものよりも、もっとすばらしいものがあることも知りました。愛です。
　先生に「わたしはヘレンを愛します」と、つたえられたときのことです。ヘレンは、「愛って、どんなものですか」と、たずねました。すると、先生の指文字からつたわってきたのは、急に心のなかに春の日がさしこんできたような、あたたかいことばでした。
　「暑い日が長くつづいたあとに雨が降ると、土や木や花がよろこびます。でも、その雨を降らせた雲は、手でつかむことはできません。愛も同じです。愛を手でさわることはできませんが、それをそそぎかけると、みんなは

よろこびます。これが愛です。心に愛をもたない人は、幸せにはなりませんよ」

　ヘレンは、サリバン先生のことばで、人間は自分のことばかり考えてはいけないことを知りました。

●初めて口からもれた自分のことば

　サリバン先生といっしょに生活するようになってからのヘレンは、どんなことでも、けいけんしました。

　木のぼりもしました。川で魚つりもしました。野原で鳥の巣さがしもしました。夏は海水浴、冬はソリあそびもしました。のちには、自転車にも馬にも乗り、ヨットさえあやつるようになりました。

「ヘレンに、自分はかわいそうな人間だと思わせてはいけない。生きることに自信をもたせなければいけない」

　サリバン先生の、この大きな愛にみちびかれたのです。

　やがて点字をおぼえてからは、いろいろな本を読むかたわら、点字で、自分の文章をつづることもできるようになりました。そして、10歳になったとき、さらに大きな決心をしました。

「自分の口で話すことができるようになろう」

　ヘレンは、サリバン先生といっしょに、ボストンのろうあ学校へ行きました。

　声をだす勉強は、ろうあ学校の先生の口に手をふれ、先生がしゃべるときの舌とくちびるの動きを、少しずつ少しずつ感じとることから始まりました。授業が終わってサリバン先生とふたりっきりになると、同じことばの発音を、数えきれないほどくり返しました。どんな発音をしているのか、もちろん自分には聞こえません。たった１字の発音をおぼえるのにも、５時間も６時間もかかりました。練習のあいだ、サリバン先生の手をにぎったままです。サリバン先生のあたたかい手がなかったら、練習をなげだしていたかもしれません。
　数か月ののち、父と母のもとへ帰ったヘレンの口から

「た、だ、い、ま。パ、パ、マ、マ」という声がもれました。あたたかい胸にだかれたヘレンの顔に熱いものが落ちました。両親のなみだです。ヘレンは、おぼえたすべてのことばをさけびたくてしかたがありませんでした。

● 知識の宝をもとめて大学へ

「まだまだ、いろんなことを学びたい。大学へ行こう」

ヘレンは、16歳の年、大学へ進む準備のため、ケンブリッジ女学院へ入りました。盲学校ではありません。学生は、目も見え耳も聞こえる人たちばかりです。

文学、歴史、数学、語学。ヘレンは、毎日、頭がかすんでくるまでがんばりつづけました。教室でもサリバン先生といっしょです。点字の教科書などほとんどありません。サリバン先生の指話をとおして学んでいくのです。

ヘレンには、自分よりもサリバン先生のほうがどんなに苦しいか、よくわかりました。先生のことが心配なときは、先生の顔に、そっと手をもっていきました。

1900年、ヘレンは、ついに、ハーバード大学女子部のラドクリフ大学へ入学しました。20歳でした。

ヘレンは、ばら色の山をのぼり始めました。でも、それはすぐ、とげの山に変わってしまいました。講義、講義、講義。サリバン先生と手をにぎりあって授業を追い

かけるのでせいいっぱいです。人の３倍も４倍も勉強しなければならないヘレンには、学校にいるあいだは休み時間もありません。夜、静かに考えごとをする時間もありません。講義をうらめしく思ったことさえありました。
「知識の宝をもとめて、みんな、闘ってるんだわ」

　ヘレンは、からだがくだけそうになるまで、がんばりました。学校になれてくると、サリバン先生といっしょに、劇場にも、音楽会にも、美術館や博物館にも行って、先生の説明を指話で聞きながら、豊かな心を育てました。友だちと、人類の幸福や世界の平和について、何時間も語りあったこともありました。

1904年、大きな山を征服しました。とうとう、大学の卒業式をむかえたのです。卒業証書を手にしたヘレンは心のなかで、何度もくり返しました。
「サリバン先生ありがとう。ほんとうにありがとう」

●生涯を、不自由な人たちのために

「勉強したことを、世の中のために役だてよう。わたしでなければできない仕事があるはずだわ」
　大学を卒業したヘレンは、目の不自由な人たちのために、はたらき始めました。
「盲人に、もっとよい教育を、仕事を、そして幸せを」
　ヘレンの声が、都会でも、農村でも、鉱山でも聞かれるようになりました。自分の声で人びとに訴えるために立ちあがったのです。講演旅行で、アメリカ大陸を2度も横断しました。からだの不自由な人たちには、自分の体験を話して、だれでも幸福にならなければいけないことを説きつづけました。
　40歳をすぎてからは、小さな劇団といっしょに各地をまわり、自分も舞台に立って、盲人を救うための募金運動に力をつくしました。大統領、チャップリン、エジソンなど、数えきれないほどの政治家や芸術家や事業家にも会って、あたたかい協力をもとめました。

　1936年、サリバン先生が病気で亡くなりました。ヘレンは悲しみにたえきれず、旅へでました。でも、どこへ行っても、悲しみからのがれることはできませんでした。
「ご恩返しは、わたしが不幸な人たちのために、これからの生涯のすべてをささげることだわ」
　それからのヘレンは、30年近くも世界をかけめぐって活躍をつづけ、からだの不自由な人たちを救うための組織をいくつも残して、1968年に88歳の生涯を閉じました。
　ヘレン・ケラーの生涯は闘いの連続でした。しかし、永遠の眠りについたときは、世界のだれよりも幸せだったはずです。愛の世界に生きることができたのですから。

チャップリン

（1889—1977）

笑いのなかに人生のかなしさや社会の矛盾を追求して、世界じゅうで愛された映画芸術家。

●撮影所内が笑いのうずに

「なにか、わたしにできることはありませんか」

チャップリンはとうとう思いあまって、映画監督のマック・セネットにたのんでみました。

監督にさそわれて、せっかく映画の世界にとびこんできたのに、仕事にもなかまにも、なかなかなじめません。ふさぎこめばふさぎこむほど、へまをやらかしてしまう毎日が、もどかしくてならなかったのです。このままでは、長年親しんだぶたいをおりて、イギリスからはるばるアメリカのロサンゼルスまでやってきた意味がなくなってしまいます。

「ああ、チャーリーか（チャップリンのよび名）。そうだな。ここらへんで目をひくような変わった喜劇がほしいと思っていたところなんだ。きみにたのむとするか」

　有名な女優を使って喜劇を制作していたセネット監督は、新しい味が出せなくて困っていたところでした。チャップリンの申し出は、ちょうどよいタイミングでした。
「何でもいいから、着がえをしてきたまえ。おもしろければ、うつしてみるから」
　そのころの映画は、はじめからすじがきちんと決まっていたわけではありません。なりゆきによっては、予定していなかった人をいきなり登場させても、少しもかまいませんでした。
「しめた！」
　チャップリンはこおどりする思いでしたが、すぐに

困ってしまいました。どんな衣しょうを身につけたらいいのか、急なことで良い考えが浮かびません。でも数分後には、カルノー座にいたころ１度したいと考えていたかっこうを思いだして、衣しょう部屋に走って行きました。
　ひきかえしてきたチャップリンのかっこうを見て、セネット監督は思わず、ふきだしました。
「何だね、そりゃ」
　むりもありません。小さな山高ぼうしに、だぶだぶのズボン、どたぐつ、ステッキ、ちょびひげ……それは、のちにチャップリン独特のふんそうとして知られるようになった、何ともきみょうな浮浪者のすがたでした。
「よし、おもしろそうだ。なにか演じてごらん」
　セネット監督の目が輝きました。
「じゃあ、客になりすましてホテルにもぐりこもうとしている、ルンペン（浮浪者）の役をやってみましょう」
　ジ、ジィ……とカメラが回りはじめます。
　きちきちの上着を着て、だぶだぶのズボンと、どたぐつをはいたチャップリンは、まるで、アヒルのような歩きかたでホテルの玄関に入ってくるなり、貴婦人の足につまずきます。そして、山高ぼうしをひょいととり、ちょびひげをぴくっと動かしてあやまります。ところが、ふりむいたとたんに、こんどはごみ箱につまずいて、ころ

び、ごみ箱にていねいにあやまります……。
　そんな動作のひとつひとつに、こきみよいリズムがありました。これまでの喜劇にはない演技でした。
　いつのまにかキーストンの撮影所内は、笑いのうずに巻きこまれていきました。ほかのセットで仕事をしていた人たちも、笑い声につられてみんな集まってきました。チャップリンが手をあげ、からだを曲げるたびに、黒山の見物人がどっと笑いました。
　チャップリンが初めて出演したその映画は、あっというまに大評判になりました。どこの町の映画館も、押すな押すなの超満員でした。こうして、キーストン映画会

社のつくる喜劇は、チャップリンの登場によって、たちまちアメリカじゅうの人気をさらうようになりました。

●食うや食わずの少年時代

チャップリンは子どものころ、たいへんな貧乏を経験しています。

両親ともしがない芸人だったため、旅回りで暮らしを支えなければなりませんでした。たまに帰るところといえば、ロンドンの貧民街にある、ちっぽけな屋根裏部屋です。まだ両親がそろっていたころは、それでも楽しい毎日でした。チャップリンと兄のシドニーは、両親に歌やおどりを教わったりして、家には明るい笑い声がみちていました。

父が亡くなり、一家の暮らしがどん底に落ちこんだとき、チャップリンはわずか6歳でした。しばらくのあいだ、母はぶたいで歌をうたいつづけていましたが、かぜがもとで声がつぶれてしまいました。それからは、どの劇場でもやとってくれませんでした。一家3人の生活は、母のわずかな内職でほそぼそと支えられていました。

チャップリンが7歳のときです。夕方、あそびから帰ってくると、屋根裏の家の中はまっくらで、静まりかえっていました。

「おかあさん!」
 部屋の奥に声をかけてみましたが、返事がありません。しいんとしています。
「夕飯の買いものにでも出かけたのかな」
 まもなくシドニーがもどってきました。兄弟二人、母の帰りをいまかいまかと待っていると、ドアがあいて管理人のおばさんが顔をつきだし、気のどくそうに声をかけました。
「おかあさんは、あんたたちが留守のあいだに精神病院へ行ってしまったんだよ」
「精神病院?どうして……」

「それがね……」
　おばさんの話によると、母は昼すぎ、とつぜん近所の家に石炭のかけらを配りはじめた、というのです。
「かわいそうに。おかあさんには、石炭がなにかおいしい食べ物に見えるらしいんだよ。心もからだもつかれすぎたんじゃないかとお医者さんは言っていたがね」
　兄弟は話を聞いても、すぐには信じられませんでした。
「かあさんは、きっと良くなるよね」
　シドニーの顔をのぞきこんで言ったチャップリンの目から、大粒のなみだがこぼれおちました。母が入院してしまっては、これから先、どうやって暮らしていけばよいのでしょう。考える力もなくなってとほうにくれてしまいました。
　こんな二人を見るに見かねて、管理人のおばさんはパンとスープをもってきてくれました。しかし、部屋代をはらえなくなった兄弟は、もう、このアパートから出ていくほかありませんでした。

● **練習には寝るまも惜しむ**

　母はやがて精神病院からは退院したものの、また仕事でむりをするせいか、ぶりかえして病院にもどることが、しょっちゅうでした。そのたびにチャップリンたちは、

どんなにつらい思いをしたかしれません。兄弟力を合わせて、床屋の手伝いやマーケットの売り子をしたりして、食べるのにやっとの生活をしていました。寝る家がないので、公園のベンチや路上で肩をよせ合って夜を明かすこともたびたびでした。

　やがて母の病気はすっかり治り、ようやく３人いっしょのおだやかな暮らしをとりもどすことができました。

　母は、チャップリンに芸人としての素質があることを見ぬいていたので、歌手だったころの知りあいにたのんで、息子をぶたいに出してもらったりしました。

　チャップリンが12歳のとき、運よくある一座の子役

に採用されました。名たんていのかつやくする『シャーロック・ホームズ』という劇です。このときの演技はとりわけ評判がよく、ロンドンの新聞に「この子どもにはすばらしい才能がある」という記事がのるほどでした。

　17歳の年には、シドニーのしょうかいで喜劇で名高いカルノー座に入りました。もともと才能があったところへ、ねるまも惜しんで練習をしたので、チャップリンの演技はぐんぐんみがかれていきました。とくにパントマイム（せりふをしゃべらずに動作だけで演じる劇）では、すっかり人気者になりました。

　そんなチャップリンに、一生を左右するチャンスがおとずれました。映画監督マック・セネットとの出会いです。カルノー座がアメリカに渡り、ニューヨークの劇場で公演していたとき、セネットはちょうど、喜劇俳優を探していました。よっぱらいの役を演じていたチャップリンは、この、喜劇映画にのりだしたばかりの若い実業家の目を、くぎづけにしたのです。セネットの強いさそいを受けて、23歳のチャップリンは映画俳優の道を進むことになりました。

　チャップリンの演技は、どたばたや追いかけっこを売りものにしている俳優とは、まるでくらべものになりませんでした。笑いをさそうなかに、人生のものがなしさがに

じみでていました。チャップリンの出演する作品はみる人の心をひきつけ、いたるところで大かっさいを受けました。
　1914年ころから、チャップリンは自作自演（自分の書いたすじがきで自分も演ずること）の映画をつくり始めるようになりました。自分自身のものの見かたや考えかたを、演技だけではなく、映画全体を通して表現するためです。映画の歴史に残るかずかずの名作は、こうしてつぎからつぎへと生み出されていきました。
　苦しいどん底の少年時代の思い出をもとにした『キッド』、目の見えない花売りむすめに対する純真な愛を描いた『街の灯』、そして、人間を機械の一部分のように

あつかう考えかたにいかりをぶっつけた『モダン・タイムス』などは、第1次世界大戦後の人びとのかわいた心に、さまざまな形で深い感動をあたえました。チャップリンの作品には、ただ笑わせるだけではなく、いつも貧しい者、弱い者の立場にたって、政治家や金持ちを笑いとばしたり、そのころの社会をきびしくいましめたりするところがありました。

　1939年、ドイツのポーランド占領で、第2次世界大戦が始まりました。世界じゅうのほとんどの国が戦争に巻きこまれるという、おそろしい時代に突入したのです。このときチャップリンは、ドイツのヒトラーやイタリアのムッソリーニをはげしい調子でひにくった『独裁者』を制作しました。ヒトラーといえば、世界のどの国からもおそれられる存在でした。英雄あつかいされていたヒトラーを、へいきで笑いとばし、思いあがりをとがめたチャップリンは、ほんとうに勇気のある人だったといえるでしょう。当然、この映画は世界じゅうに大きな波もんを投げかけました。

● アメリカを追われて

　大戦後まもない1947年、チャップリンは『殺人狂時代』という映画をつくりました。まじめな銀行員だった

男が、失業ののち、つぎつぎに金持ちの女性と結婚しては殺していくというすじがきです。とらえられ死刑を言いわたされた男は、法廷でこうさけびます。
「百万人を殺す者は英雄とたたえられ、一人殺す者は死刑になる。人殺しはたくさん殺したほうがえらいのか」
　これは、戦争をくわだてる人びとや、国や社会にむけて、チャップリン自身がもっとも言いたい言葉だったにちがいありません。ところが『殺人狂時代』は、アメリカじゅうにたいへんなさわぎをひき起こし、新聞という新聞が「チャップリンは共産主義者だ！この映画はアメリカをばかにしている」と、いっせいに書きたてました。

ふるえあがった映画館は、先をあらそうように、この映画の上映をことわってきました。
　1952年の秋、それまでのチャップリンの生きかたや人生観のすべてをもりこんだといわれる『ライム・ライト』の特別試写会が、イギリスのロンドンで開かれることになりました。それに出席するため、一家をつれてイギリスに向かう船の中で、チャップリンは、こういう知らせを受けとりました。
「アメリカは、チャップリンを二度とアメリカ本土に入国させないことを決定した」
　30年も住んでいたアメリカから、こんな形で追い出されることになったのです。
　ロンドンでの試写会が終わると、チャップリンはそのまま、スイスのコルシェ村に住みつきました。映画をつくるときには、スイスからイギリスまで出かけなければなりませんでした。
　映画制作の自由をうばい、長いあいだ入国をこばみつづけたアメリカに対して、チャップリンが強く反発したのは、むりもありません。しかしそんなわだかまりは、1972年、やっと解けることになりました。アメリカ映画界が、喜劇映画を芸術のかおりの高いものに押しあげたチャップリンの仕事に、アカデミー特別賞をおくるこ

とを決めたのです。チャップリンは、20年ぶりにアメリカの土をふみしめました。

　チャップリンの作品には、チャップリン独特の意見がすみずみまで息づいています。そのため押しつけがましい印象を受けて、素直に笑えないという人も少なくありません。おどりあがって喜ぶ人、まゆをひそめる人。それもこれも、チャップリンの映画から受ける感動やショックが、それだけ大きいからこそといえましょう。

　1977年のクリスマスの朝、チャップリンはスイスのレマン湖のほとりで、眠るように88歳の生涯を閉じました。

ワクスマン (1888—1973)

　ワクスマンは、旧ロシアのウクライナ地方の小さな町に生まれました。9歳のとき町にジフテリアがはやり、2歳の妹をあっというまに亡くしてしまいました。しかし、市から届いた血清がまに合った人は、みんな助かっています。妹を失った悲しみのなかで、ワクスマンは血清のすばらしいききめに心をうばわれました。そして、このおどろきがきっかけとなって、薬の研究をしようと心にちかいました。

　ワクスマンはユダヤ人なので、ロシアではなにかと不自由な思いをします。そこで22歳のときアメリカに渡り、苦学しながらラトガース大学で農学を学びました。卒業後は、農業試験所で土の中の微生物の研究をつづけ、1930年には、ラトガース大学の教授になりました。

「土にすむ細菌のなかで、結核菌に強い菌がきっといるにちがいない。それをさがしだしてみよう」

　ワクスマンは、土の中では結核菌がいつのまにか死んでしまうことを知って、こう思いつきました。しかし土の中には、数えきれないほどたくさんの菌がいます。そのなかからめざす菌をさがすことは、考えただけで気の遠くなるようなことでした。

　くる日もくる日も、こつこつとねばり強く研究をつづけました。そのうちに、ふとしたことから放線菌という菌のいる土の中では、ほかの細菌類が少ないことに気づきました。放線菌には、ほかの細菌をほろぼす力があるということをつきとめたのです。これは大きなヒントになりました。

　さらに研究をつづけたワクスマンは、1943年になってとう

とう、ストレプトミセス・グリセウスという放線菌から、ストレプトマイシンをとりだすことに成功しました。また、ストレプトマイシンをつくる菌が、自然のなかではとても少ないことから、これを人工的に育てる方法をみつけたばかりでなく、自然にあるもの以上にききめのある菌も、つくりだしたのです。

　それまで結核は、かかったら最後、けっして治らない病気といわれていました。ところがストレプトマイシンは、結核菌だけでなく肺炎菌などにも、おどろくほどの効果がありました。この薬が発見されたことによって、いったいどれほどおおぜいの患者がすくわれたことでしょう。

　ワクスマンは、1952年にノーベル生理・医学賞を受けました。その授賞式の帰り、日本にもたちより、各地で講演をしています。そのご、ストレプトマイシンの特許料の一部で日本ワクスマン財団をつくり、研究者の育成にもつくしました。

ネルー（1889—1964）

　ネルー家は、インドのカースト制度ではいちばん上の、バラモンという家がらです。父は名だかい弁護士で、しかもたいへん教養のある人でした。ひとり息子のネルーは、プールのある大きなやしきで、たくさんの召使いや家庭教師にかこまれながら、めぐまれた少年時代をすごしました。

　15歳のときには、イギリスに渡り貴族の学校として有名なハロー校で学んだのち、名門のケンブリッジ大学にすすみました。法律を学び、弁護士の資格をとってインドに帰ったのは、1912年のことです。

　そのころのインドは、イギリスの支配に苦しんでいました。そこでネルーは、イギリスからの独立を旗じるしにした国民会議派に加わりました。

　第1次世界大戦後に、ネルーは国民会議派のリーダー、ガンジーに会い、その人がらや考え方に深い感動を受けました。

　1920年、ネルーはなかまたちといっしょに、インドの農村をまわったときのことを、次のように記しています。
「わたしを見てかけよってきた村人たちの顔には、長いあいだの貧しさがしみついていた。ボロをまとい、飢えに苦しみ、心をとざして悲しい生活をしているインドの人びと。この国の貧しさ、みじめさをまのあたりにして、わたしは自分が強く責められる思いがした」

　地主からどれいのようにこき使われ、苦しんでいる農民のほんとうのすがたを見たのです。ネルーがインドの独立と国づくりのために全力をつくすようになるのは、それからでした。

　イギリスは独立運動に激しい圧力を加え、ネルーは何回となくとらえられ刑務所に入れられました。しかしネルーの情熱と指導力は、おおくの人びとを支えました。やがてネルーは国民会議派の議長に選ばれてガンジーを助けるようになりました。とかく理想にかたむきすぎるところのあるガンジーの考えを、ネルーはインドの現実に合わせたやり方でおぎないました。
　第2次大戦後の1947年8月、イギリスはついにインドの独立を認め、インド連邦が誕生しました。
　首相と外相をつとめることになったネルーは、世界が資本主義国と社会主義国とに分かれて勢力を張りあうようになっても、どちらにも加わらず、対立をやわらげるために活躍しました。
　貧しい農業国のインドは、独立後もむずかしい問題を山ほどかかえていました。インドを独立に導いたネルーは、こんどは安定した国づくりに情熱をささげ、74歳で亡くなりました。

ヒトラー (1889—1945)

　ドイツの独裁者アドルフ・ヒトラーは、オーストリア北部で生まれました。父は、あまり地位の高くない役人でした。しかし、この父も、そして母も次つぎに失い、ヒトラーは18歳のときに、妹とふたりだけの孤児になってしまいました。
　少年時代、ヒトラーは、実業学校を2度も3度も落第しました。性格が少しかたよっていたからだ、といわれています。画家を志して受験した美術学校の試験にも失敗しました。進学をあきらめてから5年のあいだは、定まった仕事にもつかずに、絵をかいて売るなどして、気ままにくらしました。
　1914年、第1次世界大戦が始まりました。25歳のヒトラーは、オーストリア国民でありながら、国境を越えてドイツ軍へ入隊しました。ドイツ帝国主義にあこがれていたのです。戦場では、伝令兵として手がらをたてました。でも、戦争はドイツの敗戦に終わりました。ヒトラーが、戦勝国へのにくしみをたぎらせて、心に闘争をちかったのは、このときです。
　1919年、ヒトラーは、のちにナチス党とよばれるようになったドイツ労働者党へ入って、政治活動を始めました。2年ごには、早くも党首になり、独裁者への第一歩をふみだしました。
「ドイツ人はすぐれているのだ。強力な政府をつくれ。強い軍隊をもて。共産党はつぶせ。じゃまになるユダヤ人は追いだせ」
　ヒトラーは、たくみな演説であやつって、労働者、資本家、軍人をひきつけ、ナチス党の力を大きくのばしていきました。
　1923年には、政府をたおす革命に失敗して捕えられ、牢へ入れられました。ナチス党も解散させられました。しかし、ヒ

トラーは、口をつぐみませんでした。獄中で『わが闘争』を書きつづって、ドイツ帝国の建設をうったえつづけました。

牢をでて、およそ10年ご、ヒトラーは、ついにドイツ最高の指導者になりました。たてなおしたナチス党を、ドイツ最大の政党へ育てあげ、その力で、大統領の地位についたのです。

「わたしは総統である」。ヒトラーは、こう叫んで立ちあがりました。国民の自由をうばい、反対者は、ようしゃなく捕えました。そして、1939年9月1日、ドイツ軍をポーランドに侵入させて第2次世界大戦をひき起こし、独裁者の道をくるったようにつき進みました。ユダヤ人を、つくりあげた人種差別でドイツ国民の敵にしたてあげ、アウシュビッツ強制収容所で数百万人も虐殺したのも、くるったしわざだったのでしょうか。

ドイツの人びとがナチス党の残虐さに気づいたときは、戦争は終わり、ヒトラーは自殺して独裁者の生涯を終えていました。

ド・ゴール (1890—1970)

「祖国フランスの名誉のために、生きなければいけない」

学者だった父に、このように教えられて育ったシャルル・ド・ゴールは、中学校を卒業すると、陸軍士官学校へ進みました。

1914年に始まった第1次世界大戦では、負傷して、ドイツ軍の捕りょになりました。しかし、ドイツ軍の降伏で戦争が終わると、さらに、陸軍大学校に学び、しだいに、フランス軍の指導者へ昇進していきました。

1939年に第2次世界大戦が始まり、つぎの年、ド・ゴールは、国防次官に任命されました。そしてついにフランスの名誉のために、立ちあがるときが、おとずれました。フランス軍は、強力な航空機と戦車をそろえたドイツ軍に敗れ、このときのフランス大統領は、あっけなくドイツに降伏してしまったのです。

「フランスは、ひとつの戦いには敗れたが、戦争に負けてしまったのではない。どこまでも、戦いをつづけよう」

ド・ゴールは、イギリスへのがれ、ラジオで、フランス国民によびかけました。そして、自由フランスの名をかかげた組織をつくり、祖国を占領したドイツへの抵抗をつづけました。

1945年、連合国軍の勝利で戦争が終わり、国の名誉を守った英雄としてたたえられたド・ゴールは、新しくうちたてた臨時政府首相の地位につきました。しかし、憲法問題で議会と対立して、わずか数か月で首相をしりぞき、指導政党を解散したのち、国の政治からはなれました。未来の平和を願って『世界大戦回顧録』を書き残したのは、このときです。

1958年、ド・ゴールは、ふたたび、国の指導者となりました。

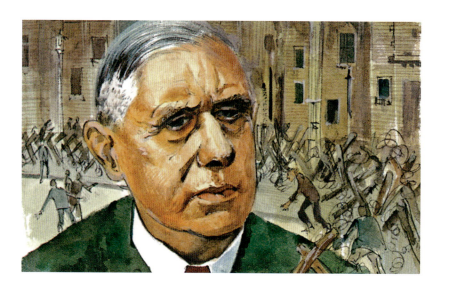

フランスの植民地アルジェリアでくすぶり始めた、革命の火を消すために、国民にのぞまれて、ふるい立ったのです。
「もう、植民地を、力でおさえつけておく時代ではない」
　フランス共和国大統領となったド・ゴールは、植民地を次つぎに独立させました。アルジェリアの火も1962年に消しとめて、独立をみとめました。そして、それらの新しい独立国をまとめてフランス共同体をつくり、フランス国家の勢力を、さらに強いものにしていきました。
　いっぽう外交にも力を入れ、ソ連、中国などとも、すすんで交わりました。はば広い外交による世界の平和を考えたのです。
　ド・ゴールは、1965年に大統領に再選されてからも、世界のどんなに大きな力にも屈しない独自の外交を、おし進めました。
　大統領として強い権限をふるったことには、ひはんもありました。しかし、祖国フランスのために生きた栄光の生涯でした。

ホー・チ・ミン （1890—1969）

　ベトナムは、19世紀の中ごろからフランスに侵略され、1885年からは、国の全土が、フランスの植民地になっていました。
「ベトナム民族のために、祖国を独立させなければだめだ」
　幼いころから国を愛する心をあたためてきたホー・チ・ミンは、祖国を救うこころざしをたてて、21歳のとき、ベトナム中部のふるさとの村を、あとにしました。そして、イギリス、フランス、中国、ソ連などで、苦しい労働や侵略国の圧迫と闘いながら、革命の思想を学びました。また、やがて革命の旗をかかげるときにそなえて、民族の自由をとなえる人びとの組織を育てました。
　1939年、第2次世界大戦が始まりました。ホー・チ・ミンは、その2年ごに、胸の灯をあかあかともやして、祖国へ帰ってきました。30年ぶりでした。このとき、ベトナムには、太平洋戦争に勝ち進んだ日本軍が侵入してきていました。
「フランス植民地主義と戦え。日本の帝国主義と戦え」
　ホー・チ・ミンは、ベトナム独立同盟を結成して、立ちあがりました。苦しい戦いでした。1942年には、革命に反対する軍隊にとらえられ、1年以上のあいだ、くさりにつながれて各地をひきずりまわされました。しかし、屈しませんでした。
　1945年、第2次世界大戦が終わると同時に、ベトナム民主共和国の独立を宣言して、初代の大統領となりました。独立宣言を読みあげるホー・チ・ミンの目から、熱い涙がこぼれました。
　ところが、大きな困難が立ちふさがりました。ベトナムの植民地支配の権力をとりもどそうとするフランスが、南ベトナムと手をむすんで、またも、侵入してきたのです。

「われわれは、二度と、他国のどれいになってはならない」
　ホー・チ・ミンは、民族の力をひとつにして戦いぬき、1954年に、フランス軍を打ち破りました。でも、戦争は、まだ終わりませんでした。フランスにかわって、こんどはアメリカが南ベトナムをあやつりながら、空軍による北ベトナム爆撃を開始して、戦いは、ベトナム戦争へ発展しました。
「ベトナムの統一と平和は、民族の力でなしとげるのだ」
　ホー・チ・ミンは、民族の自由を叫んで戦いつづけました。しかし、1969年、戦いのとちゅうでたおれてしまいました。
　79歳の生涯を革命にささげたホー・チ・ミンは、自分の幸せなど考えませんでした。いつも、すべてのベトナム民族を愛し、人びとから、ホーおじさんと、したしまれました。戦争が終わり、ベトナム社会主義共和国が生まれたのは、1976年でした。

チトー (1892—1980)

アドリア海をはさんでイタリアと向かいあったところに、6つの共和国からなり、いくつもの民族が違った言葉をもつ、ユーゴスラビアがありました。チトーは、このふくざつな国を、たくましい社会主義連邦共和国へ育てあげた政治家です。

貧しい農家に生まれたチトーは、15歳のときから、かぎづくり職人の見習いになって、はたらきはじめました。

22歳の年の7月、第1次世界大戦が始まりました。チトーは、戦争には反対でしたが、戦場へおくられました。ところが、重傷を負ってロシア軍の捕りょとなってしまいました。チトーが、自分の生きる道を発見したのは、このときです。

ロシアで、労働者たちが政府をうちたおす革命がおこり、これを見たチトーは、はたらくものが幸せになる社会の建設のために生きていくことを、心にちかったのです。

戦争が終わって祖国へ帰ると、共産党へ入って、革命家への道をあゆみはじめました。36歳のときは、ひみつの政治活動がとがめられてとらえられ、6年ものあいだ、牢獄に閉じこめられました。でも、革命への情熱の火は消しませんでした。

「祖国ユーゴスラビアは、ほかの国を武力で侵略する帝国主義の戦争に、けっして、まきこまれてはならない」

1939年に始まった第2次世界大戦では、どこの大国にも味方をしないことを宣言しました。しかし、ドイツ軍が侵略してきました。チトーは、いくつもの民族の心をひとつにまとめ、祖国愛にもえるゲリラ部隊をひきいて、戦いつづけました。

ドイツ軍を国から追いだし、戦争は終わりました。

「すべての労働者が幸せになる、社会主義国家を建設しよう」
　1945年、連邦人民共和国を宣言して首相になったチトーは、社会主義の政治をおし進めました。やがて、同じ社会主義国のソ連ともはなれ、世界のどんな大きな勢力にもよりかからない中立主義をかかげて、平和主義にもえる国家を建設していきました。アメリカの勢力とソ連の勢力がひそかににらみあっている冷戦を、世界の平和のために、にくんだのです。
　1963年、新しい憲法が定められて、ユーゴスラビア社会主義連邦共和国が生まれました。このときチトーは、偉大な力がたたえられて終身大統領にえらばれ、そのごも、ヨーロッパやアジアの中立国が、世界の第三勢力として固く団結していくことを、10年も、15年も叫びつづけました。
　「大国の支配をこばんだ巨人」。これが、1980年に88歳の生涯を終えたチトーへ、世界の人びとがささげた言葉でした。

オパーリン (1894—1980)

　地球上の生物は、初めは、どのようにして生まれたのだろうか……。「きっと、神さまがつくったのだ」「いいえ、自然に生まれたのだ」「そうではない、宇宙の、ほかの天体からとんできたのだ」。むかしから、地球上の人びとは、このように考えつづけてきました。

　アレクサンドル・オパーリンは、この生物の起こりを、世界で初めて科学的に説き明かした、ソ連の生化学者です。

　19世紀の終わりに商人の子として生まれたオパーリンは、モスクワ大学で植物生化学を学びました。それは、植物をこまかく分析して「生物の生命とは、いったい何か」を、つきとめる学問です。卒業ごも研究室で研究をつづけ、35歳で、母校の教授になりました。また、6年ごには、バッハ生化学研究所にむかえられ、生命の神秘に、ますます深くいどみました。

　1936年、研究の成果をまとめて『生命の起源』を発表しました。オパーリンが、およそ10年の研究でつきとめたのは、つぎのようなことでした。

「温度が高かった地球の表面が冷えはじめたころ、空気中に炭化水素が発生した。地球で初めての有機化合物である。やがて、この有機化合物は、雨にまじって海中へ入り、コアセルベートという、生命をもった小さな液のかたまりになった。そして、コアセルベートは、ほかの物質と作用しあって単細胞の生物へと生まれかわっていった。これが、生命の起こりである。生物は、自然に生まれたものでも、神がつくったものでもない。地球の誕生とともに、生命をもつ有機物質から、ひとつの順序を

へて生まれたのだ」

　オパーリンは、まず、炭化水素や有機物質の性質について研究をつづけ、その成果を、数10億年まえの地球の始まりとむすびつけて、生物の起こりを考えたのです。この『生命の起源』は、生物の自然発生説などをしりぞけて、これまでの生命についての考えをすっかり改め、世界の生化学者たちの研究に大きな光をあたえました。

　しかし、オパーリンの研究の成果が、すべて正しいとされたのではありません。地球が生まれるときのことなどに、まだまだ、なぞが少なくないからです。

　オパーリンは、生物の細胞の中でつくられる酵素の研究にも、大きな功績を残しました。また、科学者として、世界の平和運動にも力をつくしました。生命の起源と発達の研究は、このオパーリンの考えをもとにして、いまも、つづけられています。

「読書の手びき」

アインシュタイン

第2次世界大戦中、ポーランド南部の都市アウシュビッツの強制収容所で、ドイツ国家主義のヒトラー政権によって400万人以上のユダヤ人とポーランド人が虐殺されました。アインシュタインは、この虐殺の難をのがれて、54歳のときにアメリカへ亡命しました。ユダヤ人だったからです。1921年に相対性理論によってノーベル物理学賞を受賞していたアインシュタインは、亡命前から、人類の進歩のために研究を続ける科学者として、戦争を否定し世界平和をとなえてきました。そして、広島と長崎への原爆投下で終わった第2次世界大戦ごは、さらに声を大にして、イギリスの哲学者バートランド・ラッセルとともに「核兵器戦争による人類絶滅の危機」を世界へ警告しました。アインシュタインの胸のうちには、ナチスによるユダヤ人虐殺への怒りが秘められていたのかもしれません。この偉大な物理学者は、心のあたたかい、たいへん親しみやすい人だったということです。

ヘレン・ケラー

ヘレン・ケラーは、いくつかの著書を除けば、後世へ伝える文化遺産などほとんど残してはいません。歴史をぬりかえるほどの大事業も、なしとげてはいません。しかし、その偉大さは、世界の偉人のなかでも、ひときわ輝いています。それは、自分の人生をみごとに生きぬいてみせて、ただそれだけで無言のうちに、人間の命の尊さと、生きることの意味と、さらに愛のたいせつさを、世界じゅうの人びとに教えたからです。自分にうち勝ち、さらに人のために生きる。これは、なみたいていの意志では果たせないはずです。しかしヘレンは、「私にはできる」「私はやらなければならない」という信念で、自分の信じる道を歩み続けました。ヘレンの生涯は、からだの不自由な人びとに勇気をあたえました。しかし、そ